AF263760

CONFÉRENCE

SUR

LES ÉCOLES D'ORIENT

PAR

Le R. P. Victor BAUDOT, S. J.

Prononcée en l'église Saint-Pierre

A DOUAI

Le Dimanche 26 Janvier 1890

DOUAI

LOUIS DECHRISTÉ PÈRE, IMPRIMEUR BREVETÉ

RUE JEAN-DE-BOLOGNE

— 1890 —

L'ORIENT SCOLAIRE

Tableau religieux & historique des Ecoles d'Orient

L'Orient!... n'est-il point vrai, Messieurs, ce mot seul exerce sur nous une sorte de fascination ? Prononcé à notre oreille, il ouvre aussitôt dans nos imaginations charmées de larges perspectives, baignées de soleil et d'azur, embaumées d'enivrantes senteurs ; il évoque dans nos esprits les souvenirs les plus poétiques de nos études d'enfance, et les sentiments religieux de nos heures les plus enthousiastes ; il suscite dans nos cœurs de vagues aspirations vers un idéal lointain, et parfois le désir enflammé d'un Eden mille fois rêvé, et soudain entrevu. Nous nous sentons, par un instinct secret, attirés vers ce sol mystérieux qui fut le berceau de notre race, vers ce ciel rayonnant qui éclaira nos premiers ancêtres, et auprès duquel nos climats brumeux ne nous paraissent qu'un triste crépuscule.

Aussi, depuis la fin des grandes migrations aryennes, toutes venues de l'Orient comme un flux irrésistible, se produit-il d'époque en époque, parmi les nations occidentales, un mouvement de reflux constant vers la mère-patrie. On a vu, au temps des Croisades, ce mouvement prendre des proportions gigantesques, et l'on put croire un instant que les races latines, germaniques et saxonnes allaient enfin réaliser leur rêve séculaire : la reprise du sol natal, la conquête définitive des rives génésiaques de l'Euphrate et du Tigre, le retour au point de départ des anciennes migrations, à cet Aram-Naharaïm où, selon la tradition sainte, brilla l'aurore de l'Humanité.

Tel est le fond de la question d'Orient si souvent débattue. C'est l'éternelle dualité de l'Europe et de l'Asie, de l'Asie toujours envahissante, de l'Europe toujours envahie, mais parfois se retournant comme un lion blessé et prenant à son tour l'offensive avec une énergie farouche. De là, ce perpétuel entrecroisement de races diverses, de nationalités hostiles, de religions rivales ; de là, ce pêle-mêle redoutable de convoitises ardentes et d'antagonismes acharnés : marée humaine qui, descendant par intervalles des plateaux touraniens, vient battre nos grèves armoricaines, se brise en mugissant contre l'infranchissable barrière des flots, et reprend en arrière, refoulée mais non vaincue, sa course désordonnée.

La conquête de l'Orient a de tout temps hanté l'esprit des races occidentales. Tentée par la force, à l'époque des Croisades, cette conquête a finalement échoué ; reprise par la diplomatie aux jours de Grégoire XIII, de Bathory et d'Ivan le Terrible, elle échoue encore.

Sous nos yeux, la bataille recommence. Nous voyons de nouveau l'Occident aux prises avec l'Orient; mais cette fois, au lieu de la force, au lieu de la diplomatie, c'est par l'école que nous engageons la lutte : lutte pacifique, lutte féconde, lutte d'assimilation dans laquelle celui qui aura fait le plus de bien, répandu le plus de lumière, sera vainqueur incontesté. Sommes-nous en droit d'espérer que l'Église catholique, apostolique et romaine, ait un jour cette gloire, remporte un jour cet éclatant triomphe, avec l'aide de la France fidèle, c'est à cette question que je vais répondre, selon mon pouvoir, en vous présentant un aperçu de ce que j'appellerai l'Orient scolaire. Vous y verrez un tableau de nos écoles, avec quelques indications sur leur utilité, leurs épreuves, leurs besoins.

Je ne dirai rien que je n'aie vu de mes yeux. A ce titre, j'ose réclamer votre bienveillante attention!

Mais, avant de vous parler de nos établissements catholiques, laissez-moi vous dire un mot des écoles musulmanes, et chrétiennes séparées : car il ne faut pas croire que nous soyons là-bas les seuls instituteurs du peuple, ni même que nous ayons été les premiers. De tout temps l'école, l'école primaire surtout, a fleuri dans les provinces soumises au Croissant. La lecture et la récitation du Coran étant pour les disciples de Mahomet une condition indispensable du salut, les fondateurs de l'Islam n'eurent rien plus à cœur que d'établir des écoles partout où atteignait la pointe de leur glaive ; partout, sur le passage de la horde sanglante, on vit par un singulier contraste sourdre du sol encore fumant les sveltes minarets des mosquées, lieux de prière et tout à la fois sanctuaires de l'étude. Le moindre village eut dès lors son médressé ; dans les villes, outre les mosquées, chaque fontaine eut le sien. D'où il suit que là où les fontaines abondent, comme au Caire par exemple, les écoles pullulent. Ce sont d'ailleurs des monuments très coquets. Figurez-vous des rotondes, ou des absides mauresques, soutenues par des colonnes d'une grande élégance et surmontées d'un auvent finement ciselé. Vous pouvez vous désaltérer à l'aise : c'est la fontaine d'Allah. Et pendant que vous buvez, écoutez ce murmure incessant de voix enfantines : c'est l'école de la fontaine. Approchez : voici un groupe de petits écoliers, accroupis sur des nattes, les jambes croisées à l'orientale, et répétant tous ensemble, ou plutôt psalmodiant les Sourates sacro saintes. Ces rangées de petites têtes rondes, les unes fraîchement rasées, et ne conservant que la mèche de cheveux traditionnelle, les autres coiffées de la calotte de feutre rouge ; ces jeunes visages au teint mordoré, à la prunelle ardente ; ces lèvres de corail, balbutiant le nom du Très-Haut ; au milieu, le maître ou fiqi, armé d'une longue baguette dont il se sert pour frapper sur le crâne l'élève inattentif : voilà l'école primaire. Toutefois les Musulmans ne s'en tiennent point à cet enseignement restreint.

Ils ont au Caire, à la mosquée des Fleurs (el Azhar) une Université qui compte huit mille élèves, et où le bambin de cinq ans coudoie l'étudiant à barbe blanche. C'est un curieux spectacle que celui de la salle principale au moment des cours. Cette salle

couvre 3,000 mètres carrés ; elle est soutenue par
310 colonnes ; au pied de chaque colonne, un pro-
fesseur est accroupi sur sa natte ; autour de lui, un
groupe plus ou moins nombreux d'auditeurs, assis
en cercle, qui lui répondent, l'écoutent respectueu-
sement, ou l'interrogent. Ajoutez à cela les vives
couleurs des costumes, la blancheur des turbans,
la teinte variée et l'expression des visages, l'éclat
de la lumière égyptienne, et vous aurez quelque
idée de cette scène vraiment orientale.

Mais si les Musulmans ont rempli l'Orient de leurs
écoles, les chrétiens de toute confession, de tout
rite, ne sont point restés en arrière. Dans ce pays
où les nationalités vaincues se perpétuent sous le
nom de religions, et où le rite est un symbole na-
tional, on le conçoit, l'école devient tout à la fois
un centre religieux et un foyer de patriotisme. Aussi
est-ce la grande préoccupation et l'honneur de chaque nation d'en multiplier le nombre. Grecs, Arméniens, Coptes, tous rivalisent d'ardeur. Les Grecs
surtout mettent dans ces entreprises scolaires toute
leur activité naturelle. Leurs écoles sont très nom-
breuses, très fréquentées. Elles sont aussi très
bruyantes, à en juger par celle que j'eus sous mes
fenêtres, pendant deux ans, à Constantinople. Les
chants patriotiques y résonnaient sans cesse, et il
me semble entendre encore cet essaim de jeunes
filles entonnant avec la fougue caractéristique de
leur race ces couplets vibrants des hymnes romaï-
ques où retentit à chaque ligne le mot sacré :
’Ελευθερία ! Liberté !

Les Coptes Jacobites, en Egypte et surtout au

Caire, ne se laissent dépasser par personne. J'eus un jour occasion de visiter l'école patriarcale ; elle me parut très considérable. Six cents enfants tiennent à l'aise, et, malgré une chaleur torride, respirent à pleins poumons, dans ce local immense. Quant aux Arméniens, je ne puis dire qu'une chose, c'est que Mgr Nersès, leur Patriarche, n'était pas homme à laisser dépérir entre ses mains une œuvre aussi essentiellement nationale et religieuse.

Il est temps d'en venir à nos écoles, puisque c'est là surtout ce que je dois vous montrer en Orient. Nous avons des écoles catholiques : latines, arméniennes, grecques, coptes. Disons d'abord que ces dernières, coptes, grecques, arméniennes, sont fort peu de chose et n'aboutissent, malgré de larges aumônes, qu'à des résultats fort problématiques. Nos écoles latines, au contraire, presque toutes françaises, ont une importance majeure. Voyons d'abord Constantinople. Je me permettrai de vous citer en première ligne le collège des Jésuites de Péra. Ce n'est point que là non plus tout soit pour le mieux dans le meilleur des mondes. Les Pères ont de lourdes charges à porter. La maison qu'ils habitent ne leur appartient point en propre ; ils la louent à un Oriental intraitable, M. Baltaggi. M. Baltaggi, (ce nom signifie fendeur de bois), est le grand-père de la comtesse Vecsora dont on a tant parlé à propos de la triste mort de l'archiduc Rodolphe. Outre leurs charges matérielles, les Pères ont, à d'autres points de vue, un travail spécialement épineux. Italiens pour la plupart, ils ont dû aborder l'enseignement du français, regardé comme absolument essentiel dans tout l'Orient. Sans souci de la difficulté, tous se sont mis résolument à l'œuvre, et l'on peut dire qu'il n'est point de collège qui travaille plus efficacement à la diffusion de notre langue, seule employée dans les cours, seule permise pendant les récréations des élèves. D'ailleurs, plusieurs Jésuites, venus de nos meilleures provinces, leur prêtent une active collaboration. Moi-même j'ai eu la joie d'enseigner à leurs côtés, et, je puis bien le dire, parmi mes souvenirs il n'en est guère de plus doux à mon cœur que ceux du collège Sainte-Pulchérie.

Si, des hauteurs de Péra, nous descendons à Galata, nous y trouvons l'important collège Saint-Benoît, dirigé par les Lazaristes. Je n'ai pas à vous en faire l'éloge : les fils de saint Vincent de Paul sont là ce qu'ils sont partout ailleurs, de vrais fils de l'Eglise, de vrais enfants de la France. Vous n'ignorez pas que Dieu s'est plu dans ces derniers temps à récompenser leur zèle en plaçant un des leurs, Mgr Bonetti, à la tête de l'archidiocèse latin de Constantinople.

Le croirait-on ? c'est une institution française qui fait à nos deux collèges catholiques la plus dangereuse concurrence. Je veux parler du lycée de Galata-Séraï, fondé avec l'aide du gouvernement de notre pays, et placé directement sous la tutelle des autorités ottomanes. Comme toutes les institutions officielles, patronnées par l'Etat, ce lycée obtient un facile succès, et gagne chaque année, au grand détriment de la foi catholique, un appoint considérable d'élèves. En pourrait-il être autrement? Le Sultan ne cesse de manifester ses sympathies pour cette école soi-disant neutre, mais en réalité plus musulmane que chrétienne. Je me souviens d'y avoir vu à la distribution des prix le bataillon nègre de la garde impériale faire le service d'honneur. On ne résiste guère à de pareilles avances : Dieu protège saint Benoît et sainte Pulchérie !

L'enseignement primaire, pour les garçons, est aux mains des Frères. Ah ! c'est ici que la cause catholique l'emporte sans conteste ! Accepter dans l'enseignement secondaire des postes largement rétribués, notre Université peut pousser jusque là l'esprit d'abnégation et de patriotisme ; mais apprendre le français aux enfants des rues, à ces petits Grecs déguenillés et batailleurs, aux Bulgares à tête dure, aux Levantins légers et ingrats, une telle mission ne peut être que l'apanage de nos héroïques Religieux.

Les Frères ont deux écoles gratuites à Péra et à Galata ; et je vous assure, pour les avoir vues de près, que si elles sont pauvres en ressources matérielles, il n'en est point de plus riches en mérite et en vertu. Disons tout : les Frères ont aussi, sur la rive d'Asie, à Kadi-keui, l'ancienne Chalcédoine, un grand pensionnat placé dans une situation délicieuse, un véritable Eden. Mais pour qui sait quel rude labeur attend l'humble instituteur dans ces salles de classe, ces salles d'étude, ces cours et ces dortoirs, le brillant soleil qui éclaire ces beaux lieux paraît moins radieux, et les flots de la mer qui en baignent les murailles perdent singulièrement de leur poétique harmonie. Au pensionnat de

Kadi-keui, comme dans les modestes externats des faubourgs, le dévouement de chaque jour trouve largement à s'exercer et, là comme ailleurs, ce sont, soyez-en sûrs, ce sont des cœurs d'apôtres qui battent sous la robe noire et le rabat blanc!

Voilà pour les garçons : les filles ne sont point oubliées. Dans cet Orient qui les relègue si dédaigneusement derrière les grilles du harem, elles ont trouvé des protectrices et une puissante tutelle auprès de nos admirables Religieuses. Pour les riches et la classe moyenne, les Dames de Sion; pour les pauvres, les Sœurs de Saint-Vincent de Paul. Toutes ont ainsi part aux effluves de la charité chrétienne... et française. Se faisant tout à tous, les bonnes Sœurs ont poussé le dévouement en Macédoine jusqu'à renoncer au rite latin qui leur est si cher, et adopter le rite grec : à Koukouche, elles communient sous les deux espèces.

Et maintenant, de Constantinople descendons à Smyrne ; c'est un trajet de vingt-quatre heures, sur un de nos grands paquebots des Messageries. Traversons la Marmara et le détroit des Dardanelles ; saluons en passant la plaine de Troie et les cimes dentelées de l'Ida ; longeons l'île de Mitylène, l'ancienne Lesbos ; entrons dans le golfe de Smyrne, bordé à l'ouest par les hautes montagnes du Kara-Bouroun, à l'est par les plaines basses du Pactole : nous voici en rade. Que trouvons-nous ici, en fait d'instituteurs catholiques, sous la direction du plus aimable des Archevêques, Mgr Timoni? Toujours nos prêtres et nos Religieux français : les Lazaristes, les Sœurs de la Charité, les Frères des

Ecoles chrétiennes. Ceux-ci ont à Smyrne un de leurs plus beaux établissements, construit par l'infatigable architecte de la Congrégation, le Frère Symphorien. Smyrne est exposée à deux fléaux endémiques : les incendies et les tremblements de terre. Dans ces conditions, comment bâtir ? En bois? Vous serez brûlé. En pierres ? Vous serez renversé. Le Frère Symphorien ne s'arrête pas pour si peu : « Ma maison, se dit-il, sera toute en pierres encastrées dans des solives de fer, et ainsi, en cas d'incendie, rien ne brûlera, en cas de tremblement de terre, rien ne branlera. » Ainsi fut fait, et bien en prit au constructeur et à ses collègues. La première fois que j'allai à Smyrne, un incendie de 1,500 maisons venait de ravager leur quartier, et, peu de jours après mon second passage, une épouvantable secousse jonchait le sol de ruines autour de leur indestructible manoir.

Entre Smyrne et Beyrouth, il y a solution de continuité dans la longue chaîne de nos grandes écoles françaises d'Orient. Le moyen de combler cette lacune serait de fonder quelque chose dans l'île de Rhodes, sous ce climat paradisiaque, chanté jadis par Horace :

Laudabunt alii claram Rhodon, aut Mitylenen.

A quand ce nouvel effort de la charité chrétienne?

J'arrive à Beyrouth ; mais, avant de continuer, permettez-moi une rapide digression vers la Grèce en faveur d'un établissement, le plus intéressant peut-être que j'aie rencontré dans mes voyages, à coup sûr le plus digne de vos sympathies. Il s'agit des Ursulines françaises de Tinos. Tinos est une des Cyclades, située à l'est de Syra, en plein Archipel. Qui croirait que dans cette île isolée, sur ce rocher sans cesse battu par la tempête, fleurit un grand pensionnat de jeunes filles? Quel courage il a fallu à ces femmes intrépides, quelle incroyable persévérance, pour entreprendre et parfaire une œuvre aussi ardue! Or, voilà qu'au moment où elles se croyaient enfin au terme de leurs épreuves et de leurs peines, leurs épreuves et leurs peines recommencent plus cruelles que jamais. Lisez dans le Bulletin des Écoles d'Orient, mai 1889, une lettre de la Supérieure parlant des dégâts causés à sa chère maison, et que les pauvres Sœurs s'efforcent de réparer de leurs propres mains. « Pour avancer les travaux, et aussi pour économiser, dit-elle, après nos longues heures de classe, nous nous faisons manœuvres. Nous criblons le sable, nous portons la terre, les planches, les briques; nous cassons les pierres pour les terrasses (elles doivent être cassées comme celles des routes); nous en avons parfois la main enflée; nous nous reposons quelques jours, et puis nous recommençons. Après le départ des ouvriers, nous continuons jusqu'à la nuit bien tombée. Nous faisons des journées à la carrière, et nous revenons le soir avec 120, 130 paniers de pierres cassées; il en faut des milliers. Parfois nous recevons une averse, nous nous hâtons de rentrer; mais, n'ayant à notre disposition qu'un seul vêtement, il faut se coucher pendant qu'il sèche. » Il y avait dans ce couvent, lors de mon séjour à Tinos, trente-quatre Religieuses presque toutes originaires de la Franche-Comté et du Lyonnais. J'ai eu la curiosité de rechercher dans le compte rendu de l'Œuvre des Ecoles d'Orient quelle somme était allouée à ces pauvres Sœurs : pendant l'année 1888, elles ont reçu 525 francs, plus un don de 15 francs.

Après avoir salué en passant les écoles d'Arménie, fondées par la Compagnie de Jésus et dirigées par le Père de Damas, reprenons vers le sud notre course, qui approche de son terme. De Beyrouth et du Liban, je ne dirai rien. Les Jésuites ici sont maîtres, grâce à leur Université Saint-Joseph. Toutefois, que de charges! que d'embarras! que de soucis pour soutenir cette grande œuvre! A leurs côtés, pour les filles, je trouve les Dames de Nazareth, qui de Beyrouth rayonnent dans toute la Galilée.

Vous le voyez, nous voici en Palestine : mais le temps presse, et je ne puis m'y arrêter. Aussi bien nos écoles de Terre-Sainte vous sont-elles suffisamment connues, à vous surtout, Messieurs, qui avez fait le pèlerinage. Rappelons seulement que, de toutes les œuvres qui germent en ce moment sur ce sol sacré, il n'en est point de plus importante aux yeux du Saint-Père, ni hélas! le croirait-on? « de moins soutenue », que l'Œuvre des Ecoles. Cette parole mélancolique est du Frère Evagre, Directeur de l'Etablissement des Frères à Jérusalem. Il la fait suivre de ces quelques lignes, publiées dans le Bulletin de votre Société : « Je ne puis faire un pas sans rencontrer des files de chameaux portant pierres, chaux, poutres en fer, bois de construction ; je ne puis lever la tête sans voir de nouveaux édifices s'élever, d'ici, de là, partout, avec du bon argent de France, avec des ressources dont les miettes seules me suffi- raient. » Et il termine par cette supplique : « Chers bienfaiteurs, dans vos charités, rappelez-vous les petits, et veuillez ne pas oublier que le moins ré- tribué dans tout labeur est souvent celui qui tra- vaille le plus. »

De Palestine en Egypte il n'y a qu'un pas. C'est par l'Egypte que nous finirons cette revue rapide de l'Orient scolaire. Nos principales congrégations enseignantes semblent s'être donné rendez-vous sur la terre des Pharaons. Lazaristes, Jésuites, Frères des écoles chrétiennes, Sœurs de la Charité, y rivalisent de zèle et de dévouement. On sent qu'il s'agit là de positions stratégiques de premier ordre, à emporter ou à défendre ; voilà pourquoi l'élite de nos colonies monastiques s'y concentre et s'y fortifie. Point de contact entre l'Europe, l'Asie et l'Afrique, l'Egypte n'est-elle point, en effet, ou du moins ne sera-t-elle pas bientôt, la clef du monde? A dire vrai, je n'ose arrêter ma pensée sur ce pays séduisant : ciel d'un azur inal- térable, perspectives enchanteresses, canaux bien- faisants du Delta bordés de verdoyantes rizières, lignes ombreuses de palmiers et de sycomores, sphynx et pyramides, obélisques et hypogées, je me laisserais entraîner à parler de tout à propos d'écoles! Celles d'Alexandrie sont toutes des éta- blissements hors ligne ; aussi, le gouvernement français a-t-il cru devoir établir dans cette ville un jury permanent d'examen pour la collation des grades universitaires, en particulier pour le baccalauréat. Chose étonnante ; un jésuite du collège Saint-François-Xavier, fondé par l'infatigable Père Besson, fait en droit partie de ce jury.

A mi-chemin d'Alexandrie au Caire, nous rencontrons la ville de Tantah où les Pères des Missions Africaines de Lyon ont déployé une activité surhumaine, et créé en quelques années non-seulement de magnifiques écoles, mais encore un vaste diocèse. Enfin, le Caire ! Mais je serais infini si j'entamais ce sujet. Il me faudrait vous parler de l'école des Frères qui compte mille élèves, du collège de la Sainte-Famille et de son petit séminaire copte, du beau pensionnat des Dames de la Mère de Dieu ; il me faudrait vous nommer le R. P. Jullien, homme au grand cœur, aux idées larges, fondateur en Egypte des œuvres de la Compagnie de Jésus ; il me faudrait aussi rendre hommage au Frère Gervais pour sa vaillance au moment critique du bombardement d'Alexandrie, et pour ses succès d'année en année plus éclatants. Laissant tout cela, je me contenterai de répondre à une question qui s'impose, et par laquelle je termine : « En Egypte, nous dira-t-on, vous recevez indistinctement dans vos écoles des Chrétiens non-seulement de tout rite, mais de toute secte, des Musulmans et même des Israélites. Cette méthode est-elle bonne ? et quels en sont les résultats ? » Messieurs, je répondrai hardiment : « La méthode est bonne ; les résultats sont excellents. A part les Israélites, auxquels on ne fait aucun bien, et qui deviennent vite encombrants, tous nos élèves profitent de notre enseignement religieux. Le contact journalier entre Chrétiens et Musulmans, dissidents et catholiques, éteint les préjugés, dissipe le fanatisme, bat en brèche la polygamie, et développe dans les cœurs une piété naïve qui, au jour marqué, portera ses fruits.

Deux traits à l'appui de cette assertion.—« Vous avez dû terriblement vous ennuyer au catéchisme, mon cher Mohammed », disais-je un jour à un de mes élèves musulmans, grand jeune homme de seize ans, très distingué, très doux : « Oh! non, mon Père, me répondit-il avec l'accent de la foi la plus vive, j'ai prié tout le temps. » Un autre jour, je faisais lire la Passion ; on en était à la flagellation et au couronnement d'épines. Tout à coup, un jeune Copte Jacobite, naïf enfant de quatorze ans, le petit Néghib, bondit sur son banc, et, frappant la table du poing : « Père, me dit-il d'un air indigné et tout ensemble profondément ému, est ce que c'est vrai tout cela? » Ne vous semble-t-il pas entendre Clovis s'écrier : Ah ! si j'avais été là avec mes Francs !

✠

Messieurs, il existe à Constantinople une singulière légende. On raconte qu'au moment où le Sultan Mohammed II entra à cheval dans Sainte-Sophie, après la prise de la ville, un prêtre grec était à l'autel. Sans s'émouvoir, avec un calme majestueux, le prêtre, interrompant la messe, se retourna, descendit les degrés du sanctuaire et, la main sur le calice, s'avança à la rencontre des assaillants. On s'attendait déjà à voir voler sa tête sous le cimeterre du conquérant irrité, lorsque, se détournant soudain, il entra dans un des énormes piliers qui soutiennent la coupole. La tradition constante, c'est qu'il y est encore; et chaque fois qu'une secousse de tremblement de terre se produit, le peuple de répéter : C'est le prêtre qui remue dans son pilier. Or, les Musulmans eux-mêmes sont convaincus qu'il en sortira un jour, et, ce jour-là, Stamboul redeviendra chrétien.

Cette légende n'est-elle point, Messieurs, l'expression de nos plus chères espérances ? Hâtons de tous nos vœux, hâtons de tout notre pouvoir l'aurore de ce jour béni, où la croix reprendra son empire sur l'Orient, où la messe, de nouveau, sera dite à Sainte-Sophie, où le prêtre, la main sur le calice, grave et doux, impassible, sortira de son pilier. Et comment l'avancerons-nous cette heure tant désirée? sinon par la multiplication et le bon fonctionnement de nos écoles d'Orient. Suivons en cela l'exemple des Orientaux eux-mêmes. Quel a été dans ces derniers temps en Europe, quel est aujourd'hui plus que jamais le grand moyen employé par leur audacieuse avant-garde pour s'assurer la conquête de l'Occident? Voyez à l'œuvre les Israélites : qu'ont-ils fait en Pologne, où se massent clandestinement leurs réserves? N'y trouvant point d'écoles primaires, ils en ont créé de magnifiques, mais, remarquez-le bien, pour leur usage exclusif, le Paysan polonais restant plongé dans la plus affreuse ignorance ; quant aux institutions d'enseignement secondaire, qui seules existent dans ce malheureux pays, on peut dire, à la lettre, qu'ils les envahissent. J'ai habité deux ans une ville de Galicie dont le lycée compte sept cents élèves : cinq cents sont Israélites, deux cents seulement chrétiens. Dernièrement vous appreniez qu'un baron fameux avait donné d'un seul coup 50 millions pour les écoles juives de Russie. Voilà comme ils entendent les choses, et ils ont raison ; voilà l'arme dont ils se servent. Serons-nous moins perspicaces que ces Orientaux ? ou nous laisserons-nous vaincre par eux en générosité ? Sans doute il n'appartient qu'à des financiers hors pair d'étonner le monde par d'aussi foudroyantes largesses; mais du moins tirons de là cette utile leçon, c'est que nous ne ferons rien que par l'école : nos conquêtes en Orient sont à ce prix ! Redoublons donc d'efforts, fournissons aux combattants d'abondantes ressources, et si nous ne parvenons point à réaliser là-bas nos rêves de domination chrétienne, du moins sachons garder les positions conquises; bien sûrs qu'en portant la lutte sur leur propre terrain, nous nous défendrons mieux contre ces envahisseurs tenaces, Asiatiques de toute race et de toute croyance, qui, s'ils arrivent à leurs fins, ne nous feront point de quartier.

Dieu protège nos écoles, rempart en Orient de l'Eglise et de la France ! Tel est notre dernier cri, telle est l'humble prière qui s'échappe de nos cœurs, et monte brûlante vers le ciel, au nom du Père, du Fils et du Saint-Esprit.   Ainsi soit-il.

Douai. — Imprimerie L. Dechristé, rue Jean-de-Bologne.

Contraste insuffisant

NF Z 43-120-14